CHEVAL

(INCOMPLET.)

TABLEAU SYNOPTIQUE.

☞ 1. Squelette du membre antérieur gauche.

1. Omoplate.
2. Base de cet os.
3. Face externe.
4. Épine de l'omoplate.
5. Tubérosité de l'épine de l'omoplate.
6. Fosse sus-épineuse.
7. — sous-épineuse.
8. Angle antérieur.
9. — postérieur.
10. — inférieur formant la cavité glénoïde.
11. Bourrelet de cette cavité.
12. Tubercule lenticulaire.
13. Apophyse coracoïde.
14. Base de cette apophyse.
15. Prolongement de la même apophyse.
16. Cartilage scapulaire ou de prolongement.
17. Humérus.
18. Tubérosité externe ou trochiter.
19. — interne ou trochin.
20. Tubérosité oblique.
21. Ligne courbe.
22. Extrémité inférieure.
23. Tubérosité externe ou épitrochlée.
24. — interne ou épicondyle.
25. Radius.
26. Extrémité supérieure.
27. Tubérosité externe.
28. — interne.
29. Face antérieure du radius.
30. Extrémité inférieure.
31. Tubérosité interne.
32. — externe.
33. Coulisse pour le tendon du muscle extenseur antérieur du métacarpe.
34. Coulisse pour le tendon du muscle extenseur antérieur des phalanges.
35. Coulisse pour le tendon du muscle extenseur latéral des mêmes phalanges.
36. Cubitus.
37. Apophyse olécrane.
38. Carpe.
39. Os sus-carpien.
40. Métacarpe.
41. Canon ou métacarpien principal.
42. Métacarpien rudimentaire interne ou péroné du canon.
43. Tête de cet os.
44. Bouton.
45. Métacarpien externe.
46. Sésamoïde interne.
47. — externe.
48. 1re phalange.
49. 2e phalange.
50. Articulation scapulo-humérale.
51. Ligament capsulaire de cette articulation.
52. Articulation huméro-radiale.
53. Ligament capsulaire.
54. — latéral interne.
55. Articulation cubito-radicale.
56. Faisceaux ligamenteux externes.
57. Articulation radio-carpienne et carpo-métacarpienne.
58. Ligament capsulaire antérieur.
59. — latéral interne.
60. — — externe.
61. — assujettissant l'os crochu au métacarpe et formant une arcade.
62. Articulation métacarpo-phalangienne.
63. Ligament antérieur.
 Ligament latéral externe.
64. Ligament latéral interne.
65. Faisceau superficiel.
66. — profond.
67. Ligament suspenseur ou sésamoïdien supérieur du boulet.
68. Portion externe.
69. — interne se fixant au sésamoïde.

71. Bandelette se confondant au tendon des extenseurs.
72. Ligament latéral interne.
73. Cartilage latéral interne.
74. Coussinet plantaire.
75. Tissu podophilleux.
76. Bourrelet ou cutidure.
77. Moitié interne du sabot.
78. Muraille.
79. Pince.
80. Fourchette.
81. Glômes.
82. Périople.
83. Sole.
84. Muscle rhomboïde.
85. Expansion fibreuse jaune à la face interne de ce muscle.
86. Attache supérieure du muscle petit pectoral.
87. Attache supérieure du muscle sus-épineux.
88. Attache supérieure du muscle sous-épineux.
89. Attache supérieure du long abducteur du bras.
90. Attache inférieure du muscle releveur de l'épaule.
91. Attache inférieure du muscle adducteur du bras.
92. Attache inférieure du muscle angulaire de l'omoplate.
93. Attache du muscle grand dentelé.
94. — — omoplat hyoïdien.
95. Muscle sous-scapulaire.
96. Énervations de ce muscle.
97. Portion de l'aponévrose scapulaire.
98. Attache supérieure du gros extenseur de l'avant-bras.
99. Muscle scapulo-huméral grêle.
100. Muscle long fléchisseur de l'avant-bras.
101. Muscle court fléchisseur de l'avant-bras.
102. Coraco-huméral.
103. Tendon supérieur de ce muscle se fixant à l'apophyse-coracoïde.
104. Partie inférieure du même muscle.
105. Portion du grand pectoral s'insérant au trochin.
106. Moyen extenseur de l'avant-bras.
107. Tendon interne de ce muscle.
108. — externe du même muscle.
109. Petit extenseur de l'avant-bras.
110. Attache du muscle extenseur antérieur des phalanges.
111. Attache du muscle extenseur latéral des phalanges.
112. Attache du muscle fléchisseur externe du métacarpe.
113. Attache inférieure des muscles extenseurs de l'avant-bras.
114. Attache supérieure du fléchisseur oblique du métacarpe.
115. Attache supérieure du fléchisseur interne.
116. Muscle extenseur latéral des phalanges.
117. Muscle fléchisseur superficiel des phalanges.
118. Portion superficielle du muscle fléchisseur profond.
119. Portion moyenne du même muscle.
120. Muscle extenseur oblique ou adducteur du métacarpe.
121. Tendon de ce muscle formant une bride pour le muscle extenseur antérieur du métacarpe.
122. Attache inférieure du muscle extenseur antérieur du canon.
123. Tendon du muscle extenseur antérieur des phalanges.
124. Portion externe du tendon précédent se confondant au tendon de l'extenseur latéral.
125. Brides ligamenteuses assujettissant le tendon des extenseurs.
126. Tendon de l'extenseur latéral se confondant en bas avec le tendon du muscle extenseur antérieur pour former l'aponévrose antérieure du pied.
127. Attache externe du muscle fléchisseur externe du métacarpe.
128. Attache interne du même muscle.
129. — du fléchisseur oblique.
130. — du fléchisseur interne.
131. Extrémité inférieure du tendon du fléchisseur profond.
132. Passage de ce tendon sous la bifurcation du tendon du fléchisseur superficiel.
133. Tendon du muscle fléchisseur superficiel des phalanges.
134. Bifurcation de ce tendon s'attachant à la deuxième phalange.
135. Ligament annulaire postérieur du boulet.
136. Muscle lombrical antérieur et supérieur.
137. Muscle lombrical postérieur et inférieur.
138. Artère axillaire.
139. — cervicale inférieure ou trachélo-musculaire.
140. Artère sus-scapulaire ou pré-scapulaire.
141. Branche inférieure de cette artère pour le sous-épineux.
142. Rameaux articulaires fournis par la branche précédente.

143. Rameaux pour le sous-scapulaire.
144. Branche supérieure pour les muscles de l'encolure.
145. Artère thoracique externe ou sterno-musculaire.
146. Artère scapulaire postérieure ou scapulo-humérale.
147. Branche pour le muscle grand dorsal.
148. Rameau satellite de la veine de l'éperon.
149. Branche circonflexe.
150. Rameau pour le court fléchisseur de l'avant-bras.
151. Rameau pour les extenseurs de l'avant-bras.
152. Rameau pour les muscles abducteurs du bras.
153. Continuation du tronc de la scapulo-humérale.
154. Artère sous-épineuse inférieure.
155. Rameaux périostiques de cette artère
156. — musculaires de la même artère.
157. Branches sous-épineuses.
158. Rameau traversant l'aponévrose du muscle gros extenseur pour le sous-épineux.
159. Rameau sous-scapulaire.
160. Branche pour le gros extenseur.
161. — pour le sous-épineux.
162. Terminaison de l'artère sur le cartilage de l'omoplate.
163. Artère humérale.
164. — pré-humérale.
165. Artère musculaire postérieure ou humérale profonde.
166. Branche pour les extenseurs.
167. Artère collatérale interne du coude ou épycondylienne.
168. Branche formant l'artère cubitale.
169. Rameau accompagnant la veine superficielle interne.
170. Artère radiale antérieure ou grande musculaire antérieure.
171. Anastomose de cette artère avec l'inter-osseuse.
172. Rameau pour le muscle extenseur antérieur des phalanges.
173. Rameau pour l'extenseur antérieur du canon.
174. Rameaux périostiques.
175. — pour le muscle adducteur du métacarpe.
176. Terminaison de la radiale antérieure.
177. Artère radiale postérieure.
178. Branche musculaire venant de cette artère.
179. Rameau articulaire.
180. Rameaux musculaires pour les muscles fléchisseurs.
181. Artère circonflexe.
182. Rameau articulaire.
183. Passage de la circonflexe par l'arcade radio-cubitale.
184. Branche ascendante pour l'articulation du coude.
185. Branche s'anastomosant avec la radiale antérieure.
186. Branche descendante ou inter-osseuse.
187. Rameaux musculaires.
188. Continuation du tronc se distribuant sur le côté externe de l'articulation rédio-carpienne.
189. Branche récurrente.
190. Terminaison de cette branche au côté externe du carpe.
191. Rameau ascendant antérieur s'anastomosant avec le rameau inter-osseux.
192. Artère métacarpienne externe.
193. — — interne.
194. Branches supérieures de ces artères s'anastomosant au-devant du canon.
195. Rameaux périostiques.
196. Artère plantaire superficielle.
197. Rameaux pour le tendon des fléchisseurs.
198. Terminaison de l'artère plantaire superficielle.
199. Rameau ascendant extérieur de la branche terminale moyenne s'anastomosant avec la métacarpienne externe.
200. Rameau s'anastomosant avec la métacarpienne interne.
201. Rameau descendant interne.
202. — — externe.
203. Artère latérale externe des phalanges.
204. Artère latérale interne des phalanges.
205. Branches de cette artère, fournissant :
206. Les artères articulaires inférieures du boulet.
207. Rameaux anastomotiques avec ceux du côté opposé.
208. Rameaux pour la peau du boulet.
209. — pour le tendon des fléchisseurs.
210. — pour le coussinet plantaire.
211. Terminaison de l'artère latérale des phalanges.
212. Veines du pied.
213. Rameaux provenant du tissu réticulaire.

214. Arcade réticulaire antérieure.
215. Branche anastomotique postérieure.
216. Veine latérale interne des phalanges formées par la réunion de trois branches principales.
217. Veine latérale externe des phalanges.
218. Veine collatérale externe du métacarpe.
219. Branche de terminaison postérieure formant la veine cubitale.
220. Branche de terminaison antérieure formant la radiale interne ou profonde.
221. Veine collatérale interne du métacarpe.
222. Continuation de cette veine formant la superficielle interne ou sous-cutanée de l'avant-bras.
223. Branche externe de terminaison formant la céphalique.
224. Branche interne formant la basilique.
225. Veines radiales antérieures.
226. — radiale interne profonde.
227. Continuation de la collatérale externe.
228. Branche de communication venant de la superficielle interne.
229. Veine basilique.
230. — humérale.
231. Origine de la veine superficielle antérieure ou sous-cutanée.
232. Terminaison de la veine cubitale.
233. Veine musculaire postérieure.
234. Terminaison de la sous-cutanée thoracique ou veine de l'éperon.
235. Veine scapulaire postérieure.
236. — axillaire.
237. Nerf scapulaire postérieur ou interne pour le muscle sous-scapulaire.
238. Nerf circonflexe.
239. Branche pour le muscle adducteur.
240. — pour le muscle gros extenseur.
241. — pour le court extenseur.
242. — pour les abducteurs.
243. — pour le mastoïdo-huméral.
244. Nerfs thoraco-musculaires.
245. — pour le grand dorsal.
246. — accompagnant la veine de l'éperon pour le panicule charnu.
247. Nerfs pour le grand pectoral.
248. Nerf thoraco-musculaire pour le grand pectoral fourni par le nerf huméral antérieur.
249. Nerf pour le grand et petit pectoral venant de la racine antérieure.
250. Nerf huméral postérieur.
251. Branche pour le gros extenseur.
252. — pour le moyen extenseur.
253. — pour le petit extenseur.
254. — pour le court extenseur.
255. — superficielle.
256. — pour le muscle extenseur antérieur du métacarpe.
257. Branche pour le muscle extenseur antérieur des phalanges.
258. Branche pour le muscle extenseur latéral des phalanges.
259. Branche pour le muscle adducteur du métacarpe.
260. Nerf huméral moyen.
261. Branche postérieure ou olécranienne.
262. Branche antérieure musculaire.
263. — moyenne formant le nerf cubital.
264. Branche terminale externe au côté extérieur du carpe.
265. Branche terminale interne s'unissant à la branche postérieure du radial interne pour former le collatéral externe du métacarpe.
266. Nerf huméral antérieur.
267. Racine antérieure de ce nerf.
268. — postérieure.
269. Nerf radial antérieur.
270. Continuation du nerf huméral antérieur prenant le nom de radial interne.
271. Branche pour le muscle fléchisseur interne du métacarpe.
272. Branche pour les muscles fléchisseurs des phalanges.
273. Nerf collatéral externe du métacarpe.
274. Branche qu'il reçoit du collatéral interne.
275. Filets pour le tendon des muscles fléchisseurs.
276. Branche de terminaison postérieure.
277. — — antérieure.
278. Nerf collatéral interne du métacarpe.
279. Filets pour l'articulation du carpe.
280. — pour le tendon des muscles fléchisseurs.
281. Branche se portant au collatéral externe.
282. Terminaison de ce nerf.
283. Branche antérieure.
284. Filets articulaires.
285. — pour le tendon des extenseurs.

286. Filets pour le tissu podophilleux.
287. Branche postérieure.
288. Filets pour le cartilage.
289. — pour le tendon des fléchisseurs.
290. Filets pour le coussinet plantaire.
291. Terminaison du collatéral des phalanges dans l'épaisseur du pied.

☞ 2. Hémisphère gauche du cerveau.

1. Circonvolutions et anfractuosités de la face interne.
2. — du corps calleux.
3. Circonvolutions frontales.
4. — pariétales.
5. — postérieures.
6. Corps calleux.
7. Paroi supérieure du ventricule latéral.
9. Substance blanche ou médullaire.
10. — grise ou corticale.
11. Artère calleuse.
12. Rameaux se distribuant aux circonvolutions de la face interne.
13. Terminaison de la cérébrale moyenne.

☞ 3. Couche inférieure gauche.

1. Cavité des ventricules latéraux.
2. Partie antérieure.
3. — postérieure ou occipitale.
4. — réfléchie.
5. Corps striés.
6. Bandelette fibreuse des corps striés.
7. Voûte à trois piliers.
8. Corne d'Ammon.
9. Couche des nerfs optiques.
10. Point de réunion des couches optiques.
11. 3e ventricule.
12. Tubercules quadrijumeaux.
13. Éminence nates.
14. — testes.
15. Pédoncule cérébral.
16. Tige pituitaire.
17. Tuber-cinereum.
18. Éminence mamillaire.
19. Écorce de cette éminence formée par le pilier antérieur de la voûte à trois piliers.
20. Espace interpédonculaire.
21. Genou antérieur du corps calleux.
22. — postérieur.
23. Commissure antérieure.
24. — postérieure.
25. Lobe antérieur du cerveau.
26. — postérieur.
27. Scissure de Sylvius.
28. Cervelet.
29. Lobe médian.
30. — latéral.
31. Arbre de vie.
32. Aqueduc de Sylvius.
33. Valvule de Vieussens.
34. 4e ventricule.
35. Calamus scriptorius.
36. Pédoncules cérébelleux.
37. Protubérance annulaire.
38. Bulbe rachidien.
39. Pyramide antérieure.
40. Éminence olivaire.
41. Corps restiforme.
42. Valvule de Tarin.
43. Artère cérébro-spinale, branche de l'occipitale.
44. — spinale antérieure.
45. — — postérieure.
46. Anastomose de l'artère cérébro-spinale avec celle du côté opposé pour former :
47. Artère basilaire.
48. — cérébelleuse postérieure.
49. — — antérieure.
50. — cérébrale postérieure.
51. Terminaison de l'artère carotide interne.
52. Artère cérébrale moyenne.
53. — communicante postérieure.
54. — cérébrale antérieure.
55. Tronc de réunion formé par l'anastomose de celle du côté opposé.
56. 1re paire ou nerf olfactif.
57. Racine interne ou médullaire.
58. — externe ou grise.
59. Bulbe.
60. Cavité dans son intérieur.
61. 2e paire ou nerf optique.
62. Chiasma.
63. Bandelette.
64. 3e paire ou moteur oculaire commun.
65. 4e paire ou nerf pathétique.
66. 5e paire ou tri-facial.
67. 6e paire. — Moteur oculaire externe.
68. 7e paire. — Facial.
69. 8e paire. — Auditif.

70. 9ᵉ paire ou glosso-pharyngien.
71. 10ᵉ paire. — Pneumogastrique.
72. 11ᵉ paire ou spinal.
73. 12ᵉ paire ou grand hypoglosse.

☞ 4. Côté gauche de la tête.

1. Os frontal.
2. Occipital.
3. Apophyse styloïde de l'occipitale.
4. Ethmoïde.
5. Conduit auditif externe.
6. — — interne.
7. Os maxillaire inférieur.
8. Portion verticale.
9. Face externe.
10. — interne.
11. Condyle.
12. Portion horizontale.
13. Bord inférieur.
14. — supérieur.
15. Symphyse.
16. Barres.
17. Dents molaires inférieures.
18. — Coin.
19. — Mitoyenne.
20. — Pince.
21. — Crochet.
22. Grand sus-maxillaire.
23. Petit sus-maxillaire.
24. Sus-nasal.
25. Zygomatique.
26. Palatin.
27. Barres supérieures.
28. Dents molaires supérieures.
29. — Crochet.
30. — Coin.
31. — Mitoyenne.
32. — Pince.
33. Articulation temporo-maxillaire.
34. Appareil hyoïde.
35. Corps.
36. Appendice antérieur.
37. Branche latérale gauche de la fourchette.
38. Petite branche.
39. Grande corne ou kératoïde.
40. Face externe de la grande branche.
41. Bord supérieur.
42. — inférieur.
43. Extrémité supérieure de cette branche.
44. Angle antérieur s'articulant avec le temporal.
45. M. ptérygoïdien externe.
46. Portion inférieure du muscle stylo-maxillaire.
47. — — du muscle stylo-hyoïdien.
48. Portion postérieure de l'abaisseur de la lèvre inférieure.
49. — postérieure du muscle alvéolo-labial.
50. — — de l'élévateur de la lèvre supérieure.
51. — supérieure du muscle sterno-maxillaire.
52. — du muscle omoplat hyoïdien.
53. Muscle orbiculaire des paupières.
54. — fronto-palpébral.
55. — temporal.
56. Oreille gauche.
57. Cartilage de la conque.
58. — annulaire.
59. — scutiforme.
60. Muscle temporo-auriculaire ext.
61. — —zygomato auriculaire.
62. — scuto-auriculaire externe.
63. — cervico-auriculaire moyen.
64. — — externe.
65. Portion du muscle parotido auriculaire.
66. M. conchinien.
67. Portion antérieure du petit oblique.
68. — — du muscle grand droit antérieur ou long fléchisseur de la tête.
69. — — du petit droit antérieur ou court fléchisseur.
70. Muscle petit sus-maxillo-nasal.
71. Portion supérieure de ce muscle.
72. — inférieure.
73. Transversale du nez.
74. Muscle mento-labial.
75. Cavité de la bouche.
76. Voûte palatine.
77. Sillons transversaux.
78. Segments de cercle.
79. Portion de la muqueuse coupée pour montrer les vaisseaux.
80. Voile du palais.
81. Face supérieure.
82. Partie antérieure formant le plancher des fosses nasales.
83. — inférieure formant la paroi antérieure du pharynx.

84. Bord latéral.
85. — inférieur en forme de croissant.
86. — antérieur se fixant à la voûte palatine.
87. Bourrelet formé par la muqueuse.
88. Langue.
89. Face supérieure recouverte par la muqueuse.
90. Base.
91. Sommet.
92. Portion libre.
93. Bord latéral.
94. Coupe de la muqueuse.
95. Lacunes de la langue.
96. Surface papillaire.
97. Face inférieure dépourvue de papilles.
98. Muscle génio-glosse.
99. Face interne de ce muscle.
100. — externe du même muscle.
101. Sommet.
102. Hyo-glosse.
103. Portion postérieure du kérato-glosse se fixant à l'hyoïde.
104. — antérieure du même muscle se fixant à la langue.
105. Muscle génio-hyoïdien.
106. Muscle transversal.
107. Larynx.
108. Cartilage thyroïde.
109. — cricoïde.
110. Crête postérieure du même cartilage.
111. Bord inférieur s'articulant avec la trachée.
112. — supérieur s'articulant au thyroïde.
113. Cartilage arythénoïde.
114. Base.
115. Sommet.
116. Épiglotte.
117. Face antérieure.
118. — postérieure.
119. Base.
120. Sommet.
121. Cavité de la glotte.
122. Sinus sous-épiglotique.
123. Corde vocale.
124. Bord inférieur de la glotte.
125. Trachée.
126. Cavité de cette trachée faisant suite au larynx.
127. Membrane crico-thyroïdienne.
— thyro-hyoïdienne.
128. Lobe latéral gauche du corps thyroïde.
129. Muscle thyro-hyoïdien.
130. — crico-arythénoïdien postérieur.

131. Muscle arythénoïdien.
132. Portion antérieure de l'œsophage.
133. Cavité du pharynx.
134. Muscle kérato-pharyngien.
135. — hyo-pharyngien.
136. — thyro-pharyngien.
137. — crico-pharyngien.
138. Poche gutturale.
139. Ventre antérieur du digastrique.
140. — postérieur du même muscle.
141. Tendon unissant ces deux muscles.
142. Cavité des fosses nasales.
143. Ouverture antérieure.
144. — postérieure.
145. Orifice de la trompe d'Eustache.
146. Rebord valvulaire de cet orifice.
147. Orifice de la trompe d'Eustache dans la cavité gutturale.
148. Cavité gutturale.
149. Plancher supérieur des fosses nasales.
150. — inférieur.
151. Cornet supérieur.
152. Base.
153. Sommet.
154. Bord inférieur recourbé en volute.
155. Cornet inférieur.
156. Bifurcation supérieure de ce cornet.
157. Bifurcation inférieure.
158. Cartilage de l'aile du nez.
159. Coupe du cartilage de la cloison.
160. Fausse narine.
161. Méat supérieur.
162. — moyen.
163. — inférieur.
164. Cellules ethmoïdales.
165. Sinus sphénoïdaux.
166. Cavité crânienne.
167. — pour le cerveau.
168. Gouttière ethmoïdale.
169. Cavité cérébelleuse.
170. Rocher.
171. Dure-mère.
172. Couche glanduleuse du voile du palais.
173. Portion de la muqueuse coupée pour laisser voir cette glande.
174. Saillie que forme la glande sublinguale à travers la muqueuse.
175. Orifice des conduits de Rivinus.
176. Saillie que forme le conduit de Warton à travers la muqueuse.
177. Ouverture de ce conduit devant le frein de la langue.
178. Frein de la langue.
179. Conduit de Stenon ou parotidien.
180. Portion de la muqueuse formant la gencive supérieure.
181. — de la muqueuse formant la gencive inférieure.

182. Artère carotide primitive gauche.
183. — laryngée.
184. Rameau thyroïdien.
185. Artère thyroïdienne.
186. Artère pharyngienne.
187. — carotide externe ou faciale.
188. — occipitale.
189. Branche pour la poche gutturale.
190. — ptérygoïdienne.
191. — glosso-faciale ou maxillaire externe.
192. — pour la poche gutturale.
193. — linguale.
194. — faciale.
195. Rameaux pour le digastrique.
196. Terminaison de cette artère pour la symphyse du menton.
197. Rameau pour le masséter.
198. Terminaison de l'artère faciale sur le chanfrein.
199. Branche anastomotique avec l'artère nasale de l'ophthalmique.
200. Rameau cutané.
201. Artère maxillo-musculaire.
202. Rameaux parotidiens.
203. — pour le masséter.
204. Terminaison de cette artère.
205. Artère auriculaire postérieure.
206. Nombreux rameaux parotidiens.
207. Branche auriculaire antérieure moyenne.
208. — moyenne ou auriculaire postérieure.
209. — postérieure ou stylo-mastoïdienne.
210. Artère temporale superficielle.
211. — auriculaire antérieure.
212. Artère sous-zygomatique.
213. Rameau temporo-maxillaire.
214. Artère gutturo-maxillaire.
215. Méningée.
216. Branche antérieure.
217. — postérieure.
218. Rameau auditif.
219. Artère myloïdienne.
220. Terminaison de la dentaire supérieure pour le trou sous-orbitaire.
221. Artère palatine supérieure.
222. Rameau pour la partie interne de la voûte palatine.
223. Rameaux externes ou gengivaux.
224. Rameau incisif.
225. Anastomose de cette artère avec la terminaison de la faciale.
226. Artère sphéno-palatine ou nasale.
227. Branche interne pour la cloison.
228. — externe pour les cornets.
229. Rameau supérieur pour le cornet supérieur.
230. Rameau inférieur pour le cornet inférieur.
231. Artère carotide interne ou cérébrale antérieure.
232. Courbure de cette artère dans le crâne.
233. Rameau anastomosé avec celui du côté opposé.
234. Terminaison de cette artère au cerveau.
235. Veine jugulaire externe.
236. Origine de cette veine.
237. Veine glosso-faciale.
238. — linguale.
239. — faciale.
240. — occipitale.
241. — maxillo-musculaire.
242. Rameaux musculaires.
243. Arcade veineuse s'anastomosant avec le sinus veineux ptérygo-maxillaire.
244. Veine ptérygoïdienne interne.
245. — zygomato-auriculaire.
246. — temporo-auriculaire.
247. — sous-zygomatique.
248. — maxillaire interne.
249. Sinus veineux ptérygo-maxillaire.
250. Veine ophthalmique.
251. Portion de la veine sous-zygomatique.
252. Veine angulaire.
253. Veines sous-cutanées frontales.
254. 1re paire de nerfs crâniens ou nerf olfactif.
255. Bulbe de ce nerf.
256. Filets pour la cloison.
257. — pour la partie externe des fosses nasales.
258. — pour le cornet supérieur.
259. — pour les cellules ethmoïdales.
260. Nerf optique ou 2e paire.
261. Nerf trijumeau ou 5e paire.
262. Ganglion de Gasser.
263. Racine ganglionaire.
264. — non ganglionaire.
265. Nerf sus-maxillaire.
266. Le même nerf sortant du crâne.
267. Nerf ophthalmique.
268. Nerf sphéno-palatin ou nasal.
269. Branche interne.
270. — externe pour les cornets.
271. Nerf palatin.
272. Filets muqueux.
273. Nerf incisif.
274. Terminaison de cette branche à la peau du nez.
275. Nerf maxillaire sortant du conduit sus-maxillaire.
276. Branche inférieure de ce nerf pour les lèvres.

277. Branche moyenne pour la peau de l'aile externe du nez.
278. Épanouissement de cette branche.
279. Branche s'enfonçant dans la cavité nasale.
280. — supérieure se portant à l'aile interne du nez.
281. Terminaison de la branche précédente à la peau de l'aile interne du nez.
282. Filet anastomotique avec le nerf sous-zygomatique du facial.
283. Nerf maxillaire inférieur.
284. Nerf sous-zygomatique.
285. — corono-condyliens.
286. Rameau articulaire.
287. Nerf bucco-labial ou buccal.
288. Nerf lingual.
289. Rameau myloïdien.
290. Sortie du nerf dentaire ou nerf mentonnier.
291. 6ᵉ paire ou moteur oculaire externe.
292. Portion molle de la 7ᵉ paire.
293. — dure.
294. Sortie de cette portion par le trou stylo-mastoïdien formant le nerf facial.
295. Branche supérieure.
296. Nerf auriculaire antérieur.
297. — auriculaire moyen ou interne.
298. — — postérieur.
299. Rameaux parotidiens.
300. Branche moyenne ou sous-zygomatique.
301. Anastomose de cette branche avec la 5ᵉ paire.
302. Branche inférieure.
303. 8ᵉ paire.
304. Nerf glosso-pharyngien.
305. Terminaison du glosso-pharyngien dans la langue.
306. Nerf spinal.
307. Branche antérieure du nerf précédent pour le muscle sterno-maxillaire.
308. — postérieure du spinal pour le trapèze dorsal.
309. Nerf pneumo-gastrique.
310. Nerfs pharyngiens.
311. Nerf laryngé supérieur.
312. Récurrent trachéal ou laryngé inférieur.
313. Grand hypoglosse ou 9ᵉ paire.
314. Terminaison du nerf dans l'épaisseur de la langue.
315. Grand sympathique.
316. Ganglion cervical supérieur ou guttural.
317. Plexus carotidien.
318. Cordon cervical du grand sympathique faisant communiquer le ganglion cervical supérieur avec l'inférieur.
319. Branche descendante interne de la 1ʳᵉ paire cervicale.
220. Continuation pour le muscle sterno-maxillaire.

☞ 5. Moitié droite de la tête.

1. Muscle masséter.
2. — stylo-maxillaire.
3. — lacrymal.
4. — sus-naso-labial.
5. Portion interne du muscle précédent.
6. — externe du même muscle.
7. Muscle élévateur de la lèvre supérieure.
8. — pyramidal des naseaux.
9. — petit sus-maxillo-nasal.
10. Portion supérieure de ce muscle.
11. — inférieure.
12. Alvéolo-labial.
13. Abaisseur de la lèvre inférieure.
14. Labial supérieur.
15. — inférieur.
16. Houppe du menton.
17. Muscle ptérygoïdien interne.
18. Portion du muscle sterno-maxillaire.
19. Palpébral ou orbiculaire des paupières.
20. Angle interne.
21. — externe.
22. Muscle fronto-palpébral.
23. Muscle temporal recouvert de l'aponévrose du même nom.
24. Pavillon de l'oreille.
25. Cartilage scutiforme.
26. Temporo-auriculaire externe.
27. Zygomato-auriculaire.
28. Parotido-auriculaire.
29. Cervico-auriculaire externe.
30. — — moyen.
31. Scuto-auriculaire externe.
32. Muscles conchiniens.
33. Glande parotide.
34. Conduit parotidien.
35. Glande maxillaire.
36. Conduit de Warthon.
37. Glande sublinguale.
38. Conduits de Rivinus.
39. Os hyoïde.
40. Mylo-hyoïdien.

41. Portion supérieure du muscle omoplat hyoïdien.
42. Thyro-hyoïdien.
43. Crico-thyroïdien.
44. Hyo-pharyngien.
45. Thyro-pharyngien.
46. Crico-pharyngien.
47. Portion du muscle sterno-thyroïdien.
48. — du muscle sterno-hyoïdien.
49. OEsophage.
50. Cavité de l'œsophage.
51. — du pharynx.
52. — de la bouche.
53. Voile du palais.
54. Voûte palatine.
55. Langue.
56. Base.
57. Sommet.
58. Lingual.
59. Génio-glosse.
60. Transversal.
61. Glandes épiglottiques.
62. Épiglotte.
63. Cavité du larynx.
64. Sinus sous-épiglottique.
65. Corde vocale supérieure.
66. — — inférieure.
67. Cavité de la trachée.
68. Cloison des fosses nasales.
69. Hémisphère droit du cerveau.
70. Cervelet.
71. Arbre de vie.
72. Corps calleux.
73. Septum lucidum.
74. 3ᵉ ventricule.
75. 4ᵉ ventricule.
76. Protubérance annulaire.
77. Commencem. de la moëlle épinière.
78. Coupe du cartilage de la cloison.
79. Aile externe du nez.
80. — interne.
81. Ouverture postérieure se continuant avec la poche gutturale.
82. Ouverture postérieure et inférieure se continuant avec le pharynx.
83. Poche gutturale droite.
84. Cavité de cette poche.
85. Sinus sphénoïdal.
86. Trachée-artère.
87. Cerceaux.
88. Corps thyroïde.
89. Carotide primitive droite.
90. Artère carotide externe.
91. — — interne.
92. Artère occipitale.
93. Artère faciale.
94. — linguale.
95. — sous-mentale.
96. Veine faciale droite.
97. Sinus veineux alvéolaire.
98. Veine labiale supérieure.
99. — — inférieure.
100. — angulaire.
101. — auriculaire.
102. — de la voûte palatine.
103. Dents molaires.
104. — Pince.
105. — Mitoyenne.
106. — Coin.
107. — Crochet.
108. Portion des muscles droits antérieurs du cou.
109. — du ventre postérieur du muscle digastrique.
110. — du muscle stylo-hyoïdien.

☞ 6. Vessie.

1. Surface extérieure de la vessie.
2. Canal de l'urètre.
3. Vésicules spermatiques.
4. Conduit déférent.
5. — éjaculateur.
6. Vésicule mitoyenne.
7. Muscle ischio-urétral ou triangulaire.
8. Uretères.
9. Artère bulbeuse.
10. — vésicale antérieure.
11. — — postérieure.
12. Filets nerveux vésicaux venant du plexus mésentérique postérieur.
13. — — pour les vésicules séminales.

☞ 7. Glande prostate.

1. Lobe latéral.
2. Artère prostatique.
3. — vésicale.
4. Filets nerveux prostatiques venant du plexus mésentérique postérieur.

☞ 8. * Courbure du colon sus-sternal et cœcum.

1, 1, 1, 1. Cœcum.
2, 2. Base du cœcum.
3. Arc du cœcum.
4. Sommet.
5, 5. Face inférieure.
6, 6. — supérieure.
7, 7. Bandelettes charnues inférieures.
8, 8. — — supérieures.
9, 9. — — sup. gauche.
10. Portion de l'intestin grêle s'ouvrant dans le cœcum.
11. Origine du colon au cœcum.
12, 12. Portion cœco-gastrique du colon.
13. Courbure sus-sternale.
14. — diaphragmeuse.
15. Rétrécissement se continuant avec le colon hépatique.
16, 16, 16. Boursouflure du colon.
17, 17, 17. Valvules conniventes.
18, 18, 18. Vaisseaux coliques.
19, 19. Arcades vasculaires.
20. Branches artérielles se ramifiant à la circonférence de cet intestin.
21. Anastomose des artères coliques.
22. Filets nerveux venant du plexus mésentérique.
23. Vaisseaux lactés.
24. Artère cœcale supérieure.
25. Branche de cette artère se ramifiant sur cet intestin.
26. Branche iléo-cœcale.
27. Anastomose de cette branche avec la mésentérique.
28. Veine cœcale.
29. Filets nerveux qui accompagnent cette artère.
30. Artère colique droite.
31. Distribution de cette artère à la partie supérieure de l'intestin.
32. Branche cœco-colique.
33. Distribution de cette artère à la base du cœcum.
34. Branches collatérales de cette artère.
35. Terminaison de cette artère au commencement du colon.
36. Filets nerveux accompagnant cette artère.

☞ 9. Courbure diaphragmatique du colon et du rectum.

1. Courbure gastrique du colon.
2. — hépatique.
3. Portion flottante du colon.
4. Circonvolution du colon.
5. Boursouflure du colon.
6. Portion pelvienne.
7, 7. Circonvolutions du petit colon.
8, 8, 8. Bandelette charnue longitudinale.
9. Rectum.
10. Fibres musculaires du rectum.
11. — antérieures.
12. Fibres latérales ou à anses.
13. Faisceaux musculaires supérieurs.
15. Artère colique droite.
16. — colique gauche.
17. — mésentérique postérieure ou rectale.
18. Branches de division de cette artère.
19. Rameaux hémorrhoïdaux antérieurs.
20. Filets nerveux du plexus pelvien.
21. Plexus mésentérique postérieur.
22. Nerfs coliques.

☞ 10. Paquet de l'intestin grêle.

1, 1. Duodénum.
2. Portion verticale.
3. — horizontale.
4, 4, 4, 4. Jéjunum.
5, 5, 5. Iléum.
6. Artère de l'intestin grêle ou mésentérique antérieure.
7, 7, 7. Branches pour l'intestin grêle.
8, 8, 8. Terminaison de ces branches dans l'intestin.
9. Rameaux venant du plexus mésentérique.
10. Vaisseaux chylifères.
11. Ganglions chylifères.
12. Origine des vaisseaux chylifères.
13. Portion du mésentère.
14. Feuillet antérieur.
15. — postérieur.

☞ 11. Estomac, pancréas et duodénum.

1, 1, 1. Surface extérieure de l'estomac.
2, 2. — intérieure.
3. Œsophage.
4. Duodénum.
5. Pylore.
6. Grande courbure.
7. Petite courbure.
8. Grand cul-de-sac de l'estomac.
9. Fibres musculaires du cul-de-sac.
10. — — de la portion pylorique.
11. — — de l'œsophage.
12. Muqueuse.
13. Anneau pylorique.
14. Renflement pylorique de l'estomac.
15. Portion cardiaque.
16. Crête épidermique.
17. Orifice cardiaque.
18. Portion antérieure du duodénum.
19. — postérieure.
20. Pancréas.
21. Portion antérieure du pancréas.
22. — horizontale.
23. Face supérieure.
24. Conduit pancréatique.
25. Branche droite.
26. — gauche.
27. Ouverture du canal cholédoque dans le duodénum.
28. Artère gastrique ou coronaire.
29. Gastrique supérieure gauche.
30. — — droite.
31. Rameau œsophagien.
32. Gastrique inférieure.
33. Rameaux courts.
34. Terminaison de la splénique.
35. Artère pancréatico-duodénale.
36. Rameau pancréatique.
37. Rameaux duodénaux.
38. Artère pylorique.
39. — pancréatique.
40. Rameau de l'artère de l'intestin grêle s'anastomosant avec la pancréatico-duodénale.
41. Veines pancréatiques.
42. Rameaux perforants.
43. Pneumogastrique droit.
44. — gauche.
45. Terminaison de ce nerf à l'estomac.
46. Branche anastomotique de ce nerf avec le plexus solaire.
47. Terminaison du pneumogastrique droit à l'estomac.
48. Rameaux du plexus solaire.
49. Filets pancréatico-duodénaux de ce plexus.

☞ 12. Foie, rate, reins et vaisseaux.

1, 1, 1, 1. Foie.
2. Face antérieure.
3. — postérieure.
4. Lobe gauche.
5. — droit.
6. — mitoyen ou petit lobe.
7. Sillon de la veine ombilicale.
8. Lobule de Spigel.
9. Grande scissure postérieure destinée à loger le sinus de la veine porte.
10. Grande scissure antérieure logeant la veine cave.
11. Appendice du foie se prolongeant le long de la veine cave.
12. Circonférence du foie.
13. Échancrure pour l'œsophage.
14. Rate.
15. Face antérieure ou diaphragmatique.
16. — postérieure ou viscérale.
17. Scissure pour loger les vaisseaux spléniques.
18. Échancrure pour le rein.
19. Rein droit.
20. Face inférieure.
21. — supérieure.
22. Circonférence.
23. Scissure du rein.
24. Capsule surrénale gauche.
25. Rein gauche.
26. Capsule surrénale droite.
27. Canal cholédoque.
28. Racine du lobe droit.
29. — du petit lobe.
30. — du lobe gauche.
31. Veine porte.
32. Sinus de la veine porte.
33. Branches hépatiques pour le lobe droit.
34. — — pour le lobe gauche.
35. — — pour le petit lobe.
36. Rameaux pancréatiques.
37. Veine splénique.
38. — cardiaque.
39. Rameaux courts.

— 13 —

40. Rameaux spléniques.
41. Veine petite mésaraïque.
42. — colique supérieure.
43. Veine coronaire stomachique.
44. — mésaraïque postérieure ou veine du colon.
45. — colique inférieure.
46. — mésentérique pour l'intestin grêle.
47. — cave postérieure.
48. — hépatique.
49. — rénale droite.
50. — rénale gauche.
51. — spermatique gauche.
52. — lombaire.
53. Artère aorte abdominal.
54. Tronc cœliaque.
55. Artère hépatique.
56. — pancréatique.
57. — pylorique.
58. — pancréatico-duodénale.
59. — hépatique.
60. — coronaire stomachique.
61. — splénique.
62. Rameau stomachique.
63. — splénique.
64. Artère diaphragmatique inférieure gauche.
65. — — inférieure droite.
66. — capsulaire gauche.
67. — — droite.
68. — mésentérique antérieure.
69. Branche pour l'intestin grêle.
70. Tronc commun aux artères coliques.
71. Portion dilatée de ce tronc.
72. Artère colique inférieure.
73. — cœcale droite.
74. — cœcale gauche.
75. — colique supérieure.
76. — — postérieure.
77. — rénale droite.
78. — — gauche.
79. Artère lombaire.
80. Vaisseaux chylifères.
81. Ganglions chylifères.
82. Racines du canal thoracique.
83. Plexus solaire.
84. Terminaison du grand splanchnique.
85. Ganglion semi-lunaire.
86. Plexus mésentérique postérieur.
87. — — antérieur.
88. Plexus accompagnant l'artère de l'intestin grêle.
89. Artère colique gauche.
90. — — droite.
91. — cœcale.
92. — cœliaque.
93. — hépatique.
94. — splénique.
95. Plexus rénal.
96. — aortique.
97. Branche du nerf pneumogastrique.
98. — s'anastomosant avec le plexus mésentérique antérieur.
99. Uretère.
100. Bassinet.

☞ 13. Diaphragme.

Sépare la poitrine de l'abdomen.

1. Pilier droit.
2. — gauche.
3. Réunion des deux piliers.
4. Centre phrénique ou aponévrotique du diaphragme.
5. Ligament suspenseur du foie.
6. Canal pour la veine cave.
7. Ouverture œsophagienne.
8. — aortique.
9. Veines diaphragmatiques postérieures.
10. Branches de ces veines s'anastomosant avec les veines thoraciques inférieures.
11. Branche de division de ces veines dans le centre phrénique.
12. Rameaux de la branche sternale de la thoracique inférieure.
13. Artère diaphragmatique inférieure droite.
14. Artère diaphragmatique gauche.
15. Terminaison du nerf phrénique.

☞ 14. Poumon gauche.

1. Base.
2. Sommet.
3. Face interne.
4. — externe.
5. Cavité pour le cœur.
6. Racine du poumon.
7. — pour l'œsophage.
8. Nerf phrénique.

9. Ouverture pour laisser voir les vaisseaux pulmonaires.
10, 10. Bronches.
11, 11, 12. Divisions de ces bronches.
12, 12. Bronches coupées.
13, 13. Artères pulmonaires.

14, 14, 15. Divisions de ces artères.
15, 15. Artères coupées.
16, 16. Veines pulmonaires.
17, 17, 17. Divisions de ces veines.
18, 18. Veines coupées.

☞ 15. Poumon droit.

1. Base.
2. Sommet.
3. Face médiastine.
4. — externe.
5. Racine du poumon.
6, 6, 6. Artère pulmonaire.
7, 7, 7. Bronches.

8, 8, 8. Veines pulmonaires.
9. Veine cave postérieure.
10. Dépression pour le ventricule.
11. — pour l'oreillette.
12. Bord antérieur.
13. — postérieur.

☞ 16. Cœur gauche.

1. Ventricule.
2. Oreillette.
3. Cavité du ventricule.
4. Cavité de l'oreillette.
5. Base du ventricule.
6. Sommet.
7. Colonnes charnues du 1er ordre.
8. — — du 2e ordre.
9. — — du 3e ordre.
10. Valvule mitrale.
11. Feuillet antérieur.
12. — postérieur.
13. Cordages de cette valvule.
14. Orifice de l'aorte.
15. — auriculo-ventriculaire.
16. Cloison inter-ventriculaire.
17. — inter-auriculaire.
18. Aorte.
19. Tronc aortique.
20. Valvules sigmoïdes.
21, 21. Veines pulmonaires.
22. Sillon auriculo-ventriculaire.

23. Veine coronaire.
24. — — postérieure.
25. — — antérieure.
26. Origine de cette veine à la pointe du cœur.
27. Rameaux ventriculaires.
28. Artère coronaire antérieure.
29. Branche inférieure.
30. Rameaux pour la cloison.
31. — pour la face externe du ventricule.
32. Branche supérieure.
33. Rameaux ventriculaires.
34. — pour l'oreillette.
35. Terminaison de l'artère coronaire postérieure.
36. Rameaux de cette artère.
37. Filets du plexus cardiaque.
38. — pour la cloison.
39. — pour le sillon antérieur.
40. — pour le sillon auriculo-ventriculaire.

☞ 17. Cœur droit.

1. Ventricule.
2. Oreillette.
3. Base du ventricule.
4. Sommet.
5. Cloison inter-ventriculaire.
6. — inter-auriculaire.
7. Fosse ovale.
8. Orifice de la grande veine coronaire.
9. Base de l'oreillette.
10. Oricule.

11. Cavité du cœur.
12. — du ventricule.
13. Orifice auriculo-ventriculaire.
14. — de l'artère pulmonaire.
15. Colonnes charnues.
16. Valvules triglochines.
17. Lame externe.
18. — interne.
19. Bord adhérent.
20. — libre.
21. Cordages tendineux.

22. Cavité de l'oreillette.
23. Ouverture de la veine cave antérieure.
24. Ouverture de la veine cave postérieure.
25. Valvule d'Eustache.
26. Colonnes charnues.
27. Trachée-artère.
28. Face antérieure.
29. — postérieure.
30. Bronche droite.
31. Divisions de cette bronche.
32. Bronche gauche.
33. Divisions de cette bronche.
34. Œsophage.
35. Artère pulmonaire.
36. Origine de cette artère.
37. Renflement de l'artère pulmonaire.
38. Artère pulmonaire gauche.
39. — — droite.
40. Canal artériel.
41. Tronc aortique.
42. Aorte antérieure.
43. — postérieure.
44. Crosse de l'aorte.
45. Aorte thoracique.
46. Artère bronchique.
47. — œsophagienne.
48. Branche antérieure de cette artère.
49. Rameaux œsophagiens.
50. — trachéens.
51. Branches postérieures ou œsophagiennes postérieures.
52. Artère bronchique droite.
53. Rameaux bronchiques droits.
54. Artère bronchique gauche.
55. Rameaux bronchiques gauches.
56. Artère axillaire gauche.
57. — thoracique externe gauche.
58. — vertébrale gauche.
59. — dorso-musculaire gauche.
60. Bifurcation de l'aorte antérieure.
61. Tronc brachio-céphalique.
62. Artère dorso-musculaire.
63. — thoracique interne droite.
64. Artère coronaire supérieure.
65. Rameaux ventriculaires.
66. — auriculaires.
67. Branche anastomotique avec la coronaire antérieure.
68. — terminale suivant le sillon postérieur.
69. Rameaux pour le ventricule droit.
70. — pour le ventricule gauche.
71. — ventriculaires venant de la coronaire antérieure.
72. Petites veines cardiaques.
73. Rameaux de la grande veine coronaire.
74. Veine cave postérieure.
75. — — antérieure.
76. — azygos.
77. — dorso-musculaire droite.
78. — dorso-musculaire gauche.
79. Terminaison du canal thoracique.
80. Pneumogastrique gauche.
81. Nerf récurrent laryngé inférieur gauche.
82. Rameau de ce nerf pour le plexus trachéal.
83. Continuation du nerf récurrent au larynx.
84. Continuation du nerf pneumogastrique.
85. Rameaux bronchiques.
86. Filet anastomotique avec le pneumogastrique droit sur l'œsophage.
87. Branche droite se continuant sur l'estomac.
88. — gauche s'anastomosant avec le pneumogastrique droit.
89. Nerf pneumogastrique droit.
90. — laryngé inférieur.
91. Continuation du pneumogastrique.
92. Filets trachéens.
93. — bronchiques.
94. — œsophagiens.
95. Anastomose de ce nerf avec la branche gauche du pneumogastrique.
96. Nerf cardiaque antérieur.
97. Branche gauche du nerf s'anastomosant avec le plexus laryngé inférieur.
98. — droite fournissant les nerfs cardiaques droits.
99. Filets aortiques.
100. — pulmonaires.
101. — coronaires.
102. — ventriculaires.
103. Nerf cardiaque gauche venant du ganglion cervical inférieur de ce côté.
104. Branche antérieure.
105. — postérieure s'anastomosant avec le plexus trachéal.
106. Nerf cardiaque droit.
107. Plexus trachéal.
108. — pulmonaire droit.
109. — — gauche.
110. Filets cardiaques gauches.
111. Anastomoses des plexus pulmonaires avec les filets bronchiques du pneumogastrique.
112. Artères intercostales aortiques.

☞ 18. Moitié supérieure du tronc.

1. Portion de l'occipital.
2. — de la protubérance occipitale.
3. 1re vertèbre cervicale.
4. 2e vertèbre cervicale.
5. 3e vertèbre cervicale.
6. 4e vertèbre cervicale.
7. 5e vertèbre cervicale.
8. 6e vertèbre cervicale.
9. 7e vertèbre cervicale.
10. Apophyse transverse de l'atlas.
11, 11. Apophyses transverses des autres vertèbres.
12. 1re vertèbre dorsale.
13. 2e vertèbre dorsale.
14. 3e vertèbre dorsale.
15. 4e vertèbre dorsale.
16. 5e vertèbre dorsale.
17. 6e vertèbre dorsale.
18. 7e vertèbre dorsale.
19. 8e vertèbre dorsale.
20. 9e vertèbre dorsale.
21. 10e vertèbre dorsale.
22. 11e vertèbre dorsale.
23. 12e vertèbre dorsale.
24. 13e vertèbre dorsale.
25. 14e vertèbre dorsale.
26. 15e vertèbre dorsale.
27. 16e vertèbre dorsale.
28. 17e vertèbre dorsale.
29. 18e vertèbre dorsale.
30. Articulation de cette vertèbre avec la 1re lombaire.
31. Trous de conjugaison donnant passage aux vaisseaux et aux nerfs.
32. 1re côte.
33. 2e côte.
34. 3e côte.
35. 4e côte.
36. 5e côte.
37. 6e côte.
38. 7e côte.
39. 8e côte.
40. 9e côte.
41. 10e côte.
42. 11e côte.
43. 12e côte.
44. 13e côte.
45. 14e côte.
46. 15e côte.
47. 16e côte.
48. 17e côte.
49. 18e côte.
50. Tête des côtes.
51. Col.
52. Tubérosité des côtes.
53. Angle.
54. 1re vertèbre lombaire.
55. 2e vertèbre lombaire.
56. 3e vertèbre lombaire.
57. 4e vertèbre lombaire.
58. 5e vertèbre lombaire.
59. 6e vertèbre lombaire.
60. Apophyses transverses de ces vertèbres.
61. Sacrum.
62. 1re pièce.
63. 2e pièce.
64. 3e pièce.
65. 4e pièce.
66. 5e pièce.
67. Coccyx.
68. Base du sacrum.
69. Masses latérales.
70. Trous sacrés.
71. Os iliaque.
72. Angle antéro-externe.
73. Épine supérieure.
74. — inférieure.
75. Antéro-interne.
76. Base ou bord antérieur.
77. Angle postérieur au sommet.
78. Os ischion.
79. Crête sus-cotyloïdienne.
80. Coupe de l'ischion.
81. Ligament atloïdo-occipital.
82. — cervical.
83. Faisceau supérieur ou corde ligamenteuse.
84. Attache de ce ligament aux apophyses épineuses dorsales, et formant le ligament sus-épineux dorsal.
85. Grand ligament vertébral commun inférieur.
86. Disques inter-vertébraux.
87. Ligaments vertébro-costaux.
88. Ligament sacro-sciatique.
89. Symphyse pubienne.
90. Muscle long du cou.
91. Portion cervicale de ce muscle.
92. Digitation de ce muscle.
93. Portion dorsale.
94. Faisceau droit.
95. — gauche.
96. Scalène.
97. Portion antérieure.
98. — postérieure.
99. Grand droit antérieur du cou du côté droit.
100. Portion de l'omoplat-hyoïdien.

101. Muscle sterno-maxillaire droit.
102. Petit droit antérieur du côté gauche.
103. Petit fléchisseur de la tête.
104. Muscle grand droit antérieur ou long fléchisseur de la tête.
105. Corps charnu.
106. Digitations pour les apophyses transverses.
107. Tendon supérieur.
108. Portion du ventre postérieur du muscle digastrique.
109. — supérieur du muscle stylo-maxillaire.
110. — supérieure du muscle sterno-hyoïdien.
111. — — du muscle sterno-thiroïdien.
112. Corps charnu inférieur de ces deux muscles.
113. Tendon moyen.
114. Portion de la trachée-artère.
115. Anneaux cartilagineux.
116. Partie fibreuse unissant les anneaux.
117. Portion de l'œsophage.
118. Muscles inter-transversaires cervicaux antérieurs.
119. — inter-transversaires cervicaux postérieurs.
120. Muscle petit oblique de la partie postérieure de la tête.
121. Muscle grand oblique.
122. — splénius.
123. — releveur de l'épaule.
124. — angulaire.
125. — grand dentelé.
126. — intercostal commun.
127. — grand fessier.
128. Portion supérieure du même muscle ou long épineux du dos.
129. Portions intercostales internes.
130. Faisceaux musculaires de ces muscles recouvrant l'origine des vaisseaux et des nerfs intercostaux.
131. Inter-transversaires lombaires.
132. Carré lombaire.
133. Faisceau externe.
134. — antérieur.
135. — interne.
136. Muscle transverse du bas-ventre.
137. Muscle petit oblique de l'abdomen.
138. Portion de l'aponévrose du muscle grand oblique.
139. — du muscle iliaque.
140. Pyramidal du bassin.
141. Ischio-coccygien.
142. Releveur de l'anus.
143. Portion de l'obturateur interne.
144. — des faisceaux musculaires du rectum.
145. Abaisseur de la queue ou sacro-coccygien inférieur.
146. Sortie de ce muscle pour se terminer au coccyx.
147. Attache supérieure du muscle droit antérieur de la cuisse.
148. Sacro-coccygien supérieur.
149. Sphincter externe de l'anus.
150. Faisceau de ce muscle se fixant sous l'origine de la queue.
151. Petits faisceaux charnus dans l'intervalle des pièces du coccyx.
152. Portion réfléchie du muscle obturateur interne.
153. Jumeau supérieur.
154. — inférieur.
155. Insertion du muscle petit psoas.
156. — supérieur du muscle long vaste.
157. Portion supérieure du muscle demi-tendineux.
158. — supérieure du muscle demi-membraneux.
159. — du muscle ischio-caverneux.
160. — du muscle bulbo-caverneux.
161. — supérieure de l'enveloppe du corps caverneux.
162. Bifurcation supérieure de ce ligament.
163. Tronc brachio-céphalique.
164. Artère axillaire droite.
165. Tronc commun aux artères carotides primitives.
166. Artère carotide primitive droite.
167. — — — gauche.
168. Rameaux trachéens.
169. — musculaires.
170. Artère occipitale.
171. Branche supérieure de cette artère destinée au cerveau.
172. Branche cérébro-spinale.
— pour les muscles du cou.
173. Artère vertébrale.
174. Branche musculaire de cette artère.
175. — dorso-musculaire.
176. Rameau pour le 2e espace.
177. — pour le 3e espace.
178. — pour le 4e espace.
179. — anastomotique avec la première intercostale aortique.
180. 1re intercostale aortique.
181. Artères intercostales aortiques.
182. Origines de ces artères sous les fibres musculaires des intercostaux internes.
183. Rameaux spinaux.
184. Aortiques droites.
185. Artères lombaires du même côté.

186. Artères lombaires gauches.
187. Terminaison de l'artère aorte.
188. Origine de l'artère mésentérique postérieure.
189. Artère spermatique droite.
190. — spermatique gauche.
191. Cordon spermatique.
192. Veine testiculaire.
193. Conduit déférent.
194. Artère iliaque externe gauche.
195. Artère circonflexe iliaque.
196. Tronc commun aux artères iliaques internes.
197. Iliaque interne droite ou hypogastrique.
198. — interne gauche ou hypogastrique.
199. Artère honteuse interne.
200. — vésicale.
201. Artères rectales antérieures.
202. Terminaison de la honteuse dans le bulbe de l'urètre.
203. Artère sacrée latérale.
204. Rameaux spinaux.
205. Terminaison de la sacrée latérale ou sous-sacrée fournissant :
206. Tronc coccygien.
207. Artère sciatique.
208. Terminaison de cette artère.
209. Branche supérieure du tronc coccygien.
210. — inférieure.
211. Artère iliaco-musculaire.
212. Branches pour les muscles psoas et iliaque.
213. Sortie de cette artère pour le muscle fessier.
214. Artère fessière.
215. Terminaison de l'artère iliaque interne.
216. Artère iliaco-fémorale.
217. Artère obturatrice.
218. Terminaison de la veine cave antérieure.
219. Veine thoracique interne.
220. — axillaire droite.
221. — — gauche.
222. Tronc commun aux veines jugulaires.
223. Jugulaire droite.
224. — gauche.
225. Veine céphalique.
226. — dorso-musculaire.
227. Tronc de la veine azygos.
228. Demi-azygos droite.
229. Demi-azygos gauche.
230. Veines intercostales postérieures.
231. — sous-dorsales.
232. Branches spinales de ces veines.
233. — lombaires.
234. Veine cave postérieure.
235. — circonflexe iliaque.
236. — iliaque externe.
237. Tronc de la veine iliaque interne.
238. Veine obturatrice.
239. — iliaco-musculaire.
240. — fessière.
241. Canal thoracique.
242. Racine de ce canal.
243. Réservoir de Péquet.
244. Dilatation thoracique.
245. Branche à anse se recourbant au-dessous de la 1re intercostale aortique.
246. Branche s'ouvrant dans la veine dorso-musculaire.
247. — du canal thoracique s'ouvrant dans la veine axillaire gauche.
248. Coupe de la moelle épinière.
249. Branche inférieure de la 1re paire cervicale.
250. Branche anastomotique avec la 2e paire formant l'anse atloïdienne.
251. 2e paire cervicale.
252. Branche supérieure.
253. — inférieure.
254. Branche inférieure de la 3e paire cervicale.
255. — inférieure de la 4e paire.
256. — — de la 5e paire.
257. — — de la 6e paire.
258. — — de la 7e paire.
259. — supérieure de ces mêmes paires.
260. Filets pour le scalène.
261. Nerf phrénique.
262. Branche antérieure venant de la 5e paire.
263. — moyenne venant de la 6e paire.
264. — postérieure venant de la 7e paire.
265. — antérieure du nerf du grand dentelé venant de la 7e paire.
266. Nerf du grand dentelé.
267. 1re paire dorsale.
268. 2e paire dorsale.
269. 3e paire dorsale.
270. Branche de la 7e paire cervicale
271. — de la 8e p. cervicale
272. — de la 1re paire dorsale
273. — de la 2e p. dorsale
274. Plexus brachial ou axillaire.
275. Branche antérieure du nerf du grand dentelé.
276. — du nerf huméral antérieur.

277. Branche postérieure du même nerf.
278. Nerf huméral moyen.
279. — — postérieur.
280. — circonflexe.
281. — scapulaire postérieur.
282. — — antérieur.
283. Branche inférieure de la 3ᵉ paire dorsale.
284. De la 4ᵉ paire dorsale.
285. De la 5ᵉ paire dorsale.
286. De la 6ᵉ paire dorsale.
287. De la 7ᵉ paire dorsale.
288. De la 8ᵉ paire dorsale.
289. De la 9ᵉ paire dorsale.
290. De la 10ᵉ paire dorsale.
291. De la 11ᵉ paire dorsale.
292. De la 12ᵉ paire dorsale.
293. De la 13ᵉ paire dorsale.
294. De la 14ᵉ paire dorsale.
295. De la 15ᵉ paire dorsale.
296. De la 16ᵉ paire dorsale.
297. De la 17ᵉ paire dorsale.
298. De la 18ᵉ paire dorsale.
299. Branche postérieure s'anastomosant avec la 1ʳᵉ paire lombaire.
300. — perforante de la branche inférieure des paires dorsales.
301. — supérieure des mêmes paires.
302. 1ʳᵉ paire lombaire.
303. Filets pour le muscle carré.
304. 2ᵉ paire.
305. 3ᵉ paire lombaire.
306. 4ᵉ paire.
307. 5ᵉ paire lombaire.
308. 6ᵉ paire.
309. Branches externes de ces mêmes paires pour les muscles de l'abdomen.
310. Branches superficielles pour la face externe de la fesse.
311. Branche pour le muscle iliaque.
312. — rotulienne formée pour la 3ᵉ et la 4ᵉ paire.
313. Nerf inguinal formé par la 2ᵉ et la 3ᵉ paire.
314. — fémoral antérieur.
315. — obturateur.
316. — lombo-sacré.
317. 1ᵉ paire sacrée.
318. 2ᵉ paire sacrée.
319. 3ᵉ paire sacrée.
320. 4ᵉ paire sacrée.
321. 5ᵉ paire sacrée.
322. Plexus sacré.
323. Filets viscéraux.
324. Grand nerf sciatique.
325. Nerf anal.
326. Anses nerveuses formées par ce nerf.
327. Nerfs génitaux.
328. Nerf pour le biceps et le carré crural.
329. Nerf grand sympathique.
330. Ganglion cervical inférieur.
331. Nerfs cardiaques.
332. Cordon cervical du grand sympathique.
333. Branche anastomotique avec la 2ᵉ paire dorsale.
334. — du grand sympathique au ganglion cervical.
335. Cordon sous-costal du grand sympatique.
336. Élargissement de ce nerf à son passage sur la tête des côtes.
337. Filets anastomotiques de ce nerf avec les paires dorsales.
338. Grand splanchnique.
339. Portion lombaire du grand sympathique.
340. Filets anastomotiques avec les paires lombaires.
341. Portion sacrée du grand sympathique.
342. Filets anastomotiques avec les paires sacrées.
343. Terminaison du plexus aortique.
344. Origine du plexus mésentérique postérieur.
345. Plexus pelvien.
346. Filets antérieurs venant du plexus aortique.
347. — antérieurs venant des paires sacrées.
348. — se distribuant à la vessie et aux vésicules spermatiques.
349. — testiculaires.
350. Portion cervicale du nerf pneumogastrique.
351. Nerf trachéal ou laryngé inférieur.
352. Continuation du nerf trachélien.
353. Muscle transverse de l'abdomen.
354. Aponévrose de ce muscle.
355. Muscle carré lombaire.
356. — iliaque.
357. — grand psoas.
358. — petit psoas.
359. Tendon des piliers du diaphragme.
360. Portion du long adducteur de la jambe.
361. Aponévrose de ce muscle se confondant avec celle du petit psoas.
362. Pyramidal du bassin.
363. Obturateur interne.
364. Ischio-coccygien.
365. Releveur de l'anus.
366. Portion anale du rectum.
367. Muqueuse rectale.

368. Peau extérieure de l'anus.
369. Anus.
370. Élévateur de la queue.
371. Abaisseur de la queue.
372. Inclinateur de la queue.
373. Demi-membraneux.
374. Demi-tendineux.
375. Long vaste.
376. Moyen fessier.
377. Fascia-lata.
378. Pannicule charnu.
379. Portion thoracique.
380. Portion scapulaire.
381. Trapèze cervical.
382. Commun au bras, au cou et à la tête.
383. Portion humérale de ce muscle.
384. — sternale.
385. Splénius.
386. Cervico-auriculaire.
387. Glande parotide.
388. Scalène.
389. Aponévrose supérieure du pannicule charnu.

☞ 19. Moitié inférieure du tronc.

1. Cavité du tronc.
2. Face supérieure du sternum.
3. — latérale.
4. Appendice xiphoïde.
5, 5, 5. Cartilages costaux.
6, 6, 6. Extrémité sternale des côtes.
7, 7. Ligament fixant les cartilages au sternum.
8, 8, 8. Muscles intercostaux internes.
9, 9, 9, 9. Muscles intercostaux externes.
10. Triangulaire du sternum.
11, 11. Insertion de la circonférence du diaphragme.
12, 12. Digitations de ce muscle s'engrenant avec celles du transverse.
13. Transversal des côtes.
14. Surcostaux antérieurs.
15. — moyens.
16. — postérieurs.
17. Muscle grand droit abdominal.
18. Intersections aponévrotiques.
19. Portion du grand pectoral.
20. Muscle transverse de l'abdomen.
21. Aponévrose inférieure de ce muscle.
22. Muscle petit oblique.
23. Aponévrose de ce muscle.
24. — du muscle grand oblique.
25. Pubis.
26. Portions du psoas iliaque réunis.
27. Pectiné.
28. Moitié supérieure du fémur.
29. Tête.
30. Grand trochanter.
31. Petit trochanter.
32. Cavité digitale.
33. Tubérosité externe.
34. Symphyse du pubis.
35. Tubérosité de l'ischion.
36. Biceps fémoral.
37. Portion du court adducteur de la jambe.
38. Portion du demi-membraneux.
39. Portion du demi-tendineux.
40. Portion du muscle long adducteur de la jambe.
41. Obturateur externe.
42. Énervations de ce muscle.
43. Obturateur interne.
44. Tendon du pyramidal.
45. Jumeau supérieur.
46. — inférieur.
47. Portion du muscle crural.
48. Attache du grand fessier.
49. — du moyen fessier.
50. Muscle grêle interne.
51. Canal de l'urètre.
52. Ligament suspenseur du pénis.
53. Corps caverneux.
54. Racine droite de ce corps.
55. — gauche du même corps.
56. Portion du muscle ischio-urétral.
57. Muscle bulbo-caverneux.
58. — ischio-caverneux droit.
59. — — gauche.
60. Gland.
61. Couronne.
62. Portion de la peau.
63. Mamelon.
64. Testicule gauche.
65. Face interne.
66. — externe.
67. Bord supérieur.
68. — inférieur.
69. Corps d'Higmore.
70. Épididyme.
71. Tête.
72. Queue.
73. Canal déférent.
74. Testicule droit.
75. Crémaster.

76. Portion de la peau.
77. Artère caverneuse.
78. Branche antérieure.
79. — postérieure.
80. — testiculaire.
81. Artère testiculaire venant de l'aorte.
82. Veine caverneuse.
83. Sinus antérieur.
84. — postérieur.
85. Veine testiculaire venant de la caverneuse.
86. Veine testiculaire venant de la rénale.
87. Articulation coxo-fémorale.
88. Extrémité inférieure du fémur.
89. Condyle interne.
90. — externe.
91. Rotule.
92. Tibia.
93. Extrémité supérieure.
94. Tubérosité interne.
95. — antérieure.
96. — externe.
97. Corps du tibia.
98. Face interne.
99. Bord antérieur ou crête.
100. Extrémité inférieure du tibia.
101. Tubérosité interne.
102. — externe.
103. Coulisse antérieure pour le fléchisseur du canon.
104. — latérale externe pour l'extenseur latéral des phalanges.
105. — interne pour le tendon du fléchisseur interne.
106. Tarse.
107. Calcanéum.
108. Métatarse.
109. Canon ou métatarsien principal.
110. Péroné externe rudimentaire.
111. Tête.
112. Bouton.
113. Péroné interne.
114. Tête.
115. Bouton.
116. Grand sésamoïde interne.
117. — externe.
118. Première phalange.
119. Seconde phalange.
120. Cartilage latéral interne.
121. — — externe.
122. Articulation fémoro-tibiale.
123. Ligament latéral interne.
124. — — externe.
125. Articulation fémoro-rotulienne.
126. Ligament tibio-rotulien interne.
127. — — — externe.
128. — — — mitoyen.
129. Ligament fémoro-rotulien latéral externe.
130. — — — latéral interne.
131. Articulation tibio-tarsienne et tarso-métatarsienne.
132. Ligament antérieur.
133. — postérieur.
134. — latéral externe superficiel.
135. — profond.
136. — interne superficiel.
137. — — moyen.
138. — — profond.
139. Faisceaux ligamenteux fixant le tendon de l'extenseur antérieur des phalanges.
140. Ligament calcanéo-métatarsien externe.
141. Articulation métatarso-phalangienne.
142. Ligament suspenseur du boulet.
143. Branche de bifurcation interne.
144. — — externe.
145. Ligament antérieur.
146. — latéral interne.
147. — — externe.
148. Bandelette du ligament suspenseur pour le tendon des extenseurs des phalanges.
149. Ligament annulaire postérieur.
150. Muscle long adducteur de la jambe.
151. — court adducteur.
152. — demi-membraneux.
153. — demi-tendineux.
154. Vaste externe.
155. — interne.
156. Muscle droit antérieur.
157. Muscles jumeaux.
158. Muscle plantaire grêle.
159. — fléchisseur profond.
160. — — oblique.
161. — extenseur latéral des phalanges.
162. — — antérieur.
163. — fléchisseur du canon.
164. Portion charnue.
165. — tendineuse.
166. Muscle grand pectoral.
167. Portion du muscle grand dentelé.
168. Tendon de l'extenseur latéral.
169. Son passage sous les ligaments.
170. Terminaison du tendon précédent avec celui de l'extenseur antérieur des phalanges.
171. Extrémité inférieure de la portion tendineuse du muscle fléchisseur antérieur du canon.
172. Muscle pédieux.
173. — lombrical supérieur interne.

174. Muscle lombrical supérieur externe.
175. Tendon du muscle lombrical inférieur interne.
176. — — externe.
177. Tendons du muscle fléchisseur superficiel.
178. Bifurcation inférieure de ce tendon.
179. Tendon du fléchisseur profond.
180. Sortie de ce tendon sous la bifurcation du tendon superficiel.
181. Pied postérieur gauche.
182. Coussinet plantaire.
183. Bourrelet de la portion charnue.
184. Sabot.
185. Paroi ou muraille.
186. Pince.
187. Périople.
188. Glômes.
189. Talon.
190. Coupe des vaisseaux iliaques ext.
191. Artère obturatrice.
192. Branche de cette artère pour les organes génitaux.
193. Terminaison de cette artère.
194. Rameaux pour l'obturateur externe.
195. — pour le biceps.
196. Terminaison de cette artère dans les muscles poplités.
197. Artère crurale.
198. Artère sus-pubienne. Tronc commun à l'abdominale postérieure et à la honteuse externe.
199. Artère abdominale postérieure.
200. — musculaire profonde postérieure.
201. Branche pour le biceps et le demi-tendineux.
202. Branche pour le muscle long vaste.
203. Artère thoracique interne ou mammaire.
204. Branche terminale interne de cette artère.
205. — terminale externe.
206. Rameaux externes ou intercostaux.
207. — internes ou perforants.
208. Terminaison des artères intercostales.
209. Thoracique interne droite.
210. Coupe de la veine et de l'artère axillaires droites.
211. Continuation de l'artère crurale.
212. Artère poplitée.
213. Artère pédieuse continuation de la tibiale antérieure.
214. Rameaux articulaires.
215. Artère plantaire profonde.
216. — — superficielle.
217. Collatérale interne des phalanges.
218. — externe des mêmes phalanges.
219. Rameaux articulaires.
220. — pour les tendons des muscles fléchisseurs.
221. Branche collatérale se divisant presque aussitôt sa naissance en cinq principaux rameaux.
222. Terminaison de la collatérale des phalanges.
223. Artère du coussinet plantaire.
224. Veine coronaire antérieure.
225. Arcade veineuse postérieure.
226. Veine concourant à la formation du réseau veineux superficiel.
227. Autre veine concourant à former le réseau profond.
228. Origine de la veine collatérale interne des phalanges.
229. Veine latérale externe.
230. Veine latérale superficielle externe du métatarse.
231. — latérale interne formant :
232. Saphène antérieure.
233. Sortie de la veine métatarsienne profonde fournissant une branche d'origine.
234. Pour la veine saphène externe.
235. Tibiale antérieure.
236. Branche anastomotique avec la saphène antérieure.
237. — tibiale postérieure.
238. — poplitée.
239. Veine crurale.
240. Portion de la saphène postérieure s'ouvrant dans la saphène antérieure.
241. Ouverture de la veine saphène antérieure dans la crurale.
242. Branche perforante des nerfs intercostaux.
243. Terminaison des nerfs intercostaux.
244. Terminaison des derniers nerfs intercostaux perforant le muscle droit.
245. Filets musculaires.
246. Terminaison des paires lombaires perforant le muscle droit.
247. Terminaison du nerf obturateur.
248. Nerf génital ou dorsal du corps caverneux.
249. Branche inférieure.
250. Portion du nerf fessier postérieur.
251. Tronc du nerf sciatique.
252. Branche pour le long vaste.
253. — pour le demi-tendineux.
254. — pour le demi-membraneux.
255. — pour le grêle interne et le biceps de la cuisse.
256. Petit nerf sciatique ou fémoral externe.
257. Branche pour le long vaste.

258. Rameau articulaire.
259. Nerf tibial antérieur.
260. Continuation du nerf sciatique.
261. Rameau du nerf tibial postérieur pour le côté interne du tarse.
262. Terminaison du tibial postérieur.
263. Branche externe formant le nerf collatéral externe du métatarse.
264. Filets pour le tendon des fléchisseurs.
265. Branche de renforcement venant du collatéral interne.
266. Terminaison du tibial postérieur formant le collatéral externe des phalanges.
267. Branche antérieure fournissant :
268. Filets articulaires.
269. — pour le tendon des extenseurs.
270. — pour le tissu podophylleux.
271. Branche postérieure.
272. Filets pour le cartilage.
273. — pour le coussinet plantaire.
274. Continuation du tronc s'enfonçant dans l'épaisseur du pied.
275. Branche interne ou collatérale interne du métatarse.
276. Nerf collatéral interne des phalanges.
277. Branche antérieure.
278. — postérieure s'enfonçant dans l'épaisseur du pied.
279. Portion du muscle petit pectoral.
280. Muscle commun au bras, au cou et à la tête.
281. — sterno-huméral.
282. — sterno-aponévrotique.
283. — court fléchisseur de l'avant-bras.
284. Portion scapulaire du panicule charnu.
285. Portion thoracique du même muscle.
286. Aponévrose inférieure de ce muscle.
287. Muscle extenseur antérieur du métacarpe.
288. — antérieur des phalanges.
289. — adducteur oblique du métacarpe.
290. — extenseur latéral des phalanges.
291. Portion du fléchisseur profond.
292. Muscle fléchisseur externe du métacarpe.
293. — oblique.
294. Portion olécranienne de ce muscle.
295. Muscle fléchisseur interne.
296. Tendons des fléchisseurs des phalanges.
297. Tendons des extenseurs.
298. Sabot.
299. Pince.
300. Muraille.
301. Mamelle.
302. Quartiers.
303. Talons.
304. Veine céphalique.
305. — superficielle antérieure.
306. — — interne.
307. — cubitale.
308. — collatérale interne du métacarpe.
309. — — interne des phalanges.
310. — — externe du métacarpe.
311. — — externe des phalanges.
312. Réseau du sabot.
313. Veine de l'éperon.
314. Branches latérales de cette veine.
315. Terminaison.
316. Muscle fascia-lata.
317. Aponévrose fascia-lata.
318. Long vaste.
319. Portion supérieure.
320. — moyenne.
321. — inférieure.
322. Muscle demi-tendineux.
323. — demi-membraneux.
324. — court adducteur de la jambe.
325. — long adducteur.
326. Pli du grasset.
327. Extenseur antérieur du métatarse.
328. Portion charnue.
329. — tendineuse.
330. Muscle extenseur antérieur des phalanges.
331. — latéral.
332. — plantaire grêle.
333. — biférmoro-calcanéen.
334. Corde du jarret.
335. Muscle fléchisseur profond.
336. — latéral
337. Tendons des fléchisseurs.
338. — des extenseurs.
339. Saphène antérieure.
340. — postérieure s'ouvrant dans la précédente.
341. — externe s'anastomosant avec la tibiale antérieure.
342. — métatarsienne interne.
343. Veine collatérale externe des phalanges.
344. — collatérale interne.
345. Réseau du tissu podophylleux.
346. Cartilage latéral.
347. Sabot.
348. Muraille.
349. Pince.
350. Mamelle.
351. Quartiers.
352. Talons.

Paris. — Typographie de Firmin Didot Frères, rue Jacob, 56.

www.ingramcontent.com/pod-product-compliance
Lightning Source LLC
Chambersburg PA
CBHW060623050426
42451CB00012B/2395